BOEKANALYSE

Phaedra
· · · · · · · · · · · · · · · ·

JEAN RACINE

BOEKANALYSE

Geschreven door Claire Cornillon
Vertaald door Nikki Claes

Phaedra

· ·

JEAN RACINE

JEAN RACINE

FRANSE TONEELSCHRIJVER

- **Geboren in La Ferté-Milon in 1639**
- **Overleden in Parijs in 1699**
- **Opmerkelijke werken:**
  - *Andromaque* (1667), tragedie
  - *Britannicus* (1669), tragedie
  - *Bérénice* (1670), tragedie

Jean Racine (1639-1699) was de belangrijkste vertegenwoordiger van de klassieke tragedie van de 17e eeuw, net zoals Molière (1622-1637) dat is van de komedie. Na een voortgezette opleiding aan de abdij van Port-Royal vestigde hij zich in Parijs, waar hij vanaf 1663 werd toegelaten tot het hof van Lodewijk XIV en een briljante carrière als toneelschrijver leidde. Hij is vooral bekend om zijn tragedies, waarvan hij er elf schreef. Deze tragedies, geschreven in een poëtische, maar eenvoudige stijl, vonden hun inspiratie in de Griekse mythologie (*Andromaque*), de Romeinse geschiedenis (*Britannicus*) of de christelijke geschiedenis (*Athalie*) en onderzochten de menselijke passies.

PHAEDRA

EEN OUDE MYTHE HERSCHRIJVEN

- **Genre:** toneelstuk (tragedie)
- **Referentie-uitgave:** Racine, J-B. (2008) *Phaedra.* [Online]. Trans. Boswell, R.B. [Accessed 27 September 2016]. Beschikbaar via: <http://www.gutenberg.org/files/1977/1977-h/1977-h.htm>
- **Eerste uitgave:** 1677
- **Thema's:** passie, zelfmoord, orde, overtreding

Phaedra is een van de beroemdste toneelstukken van Racine en werd voor het eerst opgevoerd in 1677. Deze tragedie van vijf bedrijven was oorspronkelijk in dichtvorm geschreven, hoewel dit kenmerk niet is overgenomen in de Engelse vertaling, en toont de incestueuze liefde van het gelijknamige personage, Phaedra, voor de zoon van haar man, Hippolytus. Dit personage uit de Griekse mythologie is een tragische heldin omdat zij wordt beheerst door haar schuldige passies en daardoor het ongeluk veroorzaakt van allen om haar heen, inclusief Hippolytus. Uiteindelijk pleegt ze zelfmoord.

SAMENVATTING

AKTE I

De scène speelt zich af in Troezen, een stad op de Peloponnesus. Niemand weet of Theseus, de koning van Athene, nog leeft. Hippolytus, zijn zoon, besluit hem te gaan zoeken. Bovendien lijkt Phaedra, de vrouw van Theseus, hem te haten en wil hij Troezen verlaten. Hij verklaart aan zijn gouverneur, Theramenes, dat: "Die gelukkige tijd / Is voorbij, en alles is veranderd, sinds naar deze kusten / De goden Phaedra stuurden" (Scène 1). Hippolytus is verliefd op Aricia, de zus van Theseus' vijanden. Hij verklaart: "Op mijn vaders bevel mag het bloed van haar broeders nooit versterkt worden door haar zonen" (Scène 1).

Phaedra is stervende. Oenone, haar verpleegster en vertrouwelinge, vraagt zich af waar ze aan lijdt. Phaedra bekent haar dat ze een incestueuze liefde koestert voor Hippolytus, de zoon van haar man. Ze zegt dat de eerste keer dat ze hem zag, "ik keek en werd afwisselend bleek en bloosde / om hem te zien, en mijn ziel werd helemaal ontredderd" (Scène 3).

Theseus' dood wordt aangekondigd, en Oenone adviseert Phaedra toe te geven aan haar gevoelens, omdat ze nu weduwe is: "De dood van de koning heeft je bevrijd van de banden / Die de misdaad en gruwel van je liefde maakten" (Scène 5).

ACTE II

Hippolytus onthult aan Aricia dat ze vrij is en bekent zijn liefde voor haar. Phaedra wil met Hippolytus praten en vertelt hem uiteindelijk dat ze van hem houdt: "Ik heb lief. Maar denk niet / Dat ik op het moment dat ik je het meest liefheb / mijn schuld niet voel" (Scène 5). Hoewel ze hem leek te haten, was dat alleen omdat ze van hem hield: "Twas not enough for me to fly, I chased you / Out of the country, wishing to appear / Inhuman, odious; to resist you better, / I sought to make you hate me" (Scene 5).

Theramenes kondigt Hippolytus aan dat Phaedra's zoon de nieuwe koning is. Het gerucht gaat echter dat Theseus nog leeft. Hippolytus wil meer weten.

AKTE III

Oenone kondigt Phaedra aan dat Theseus leeft en raadt haar aan Hippolytus te beschuldigen van zijn liefde voor haar, om zijn beschuldigingen tegen haar te weerleggen: "Waag het om hem eerst te beschuldigen, / Als schuldig aan de aanklacht die hij / vandaag tegen je inbrengt" (Scène 3).

Theseus keert terug. Hippolytus wil Troezen verlaten om zijn moed te bewijzen.

AKTE IV

Oenone vertelt Theseus dat Hippolytus verliefd was op Phaedra. Theseus roept in zijn woede Neptunus aan en vraagt hem zijn zoon te straffen: "Wreek een ellendige vader!

/ Ik laat deze verrader over aan uw toorn; in bloed" (Scène 2). Hippolytus verdedigt zich door zijn liefde voor Aricia te bekennen, maar zijn vader gelooft hem niet.

Phaedra komt Hippolytus verdedigen en Theseus vertelt haar dan dat hij zegt dat hij verliefd is op Aricia.

Phaedra roept uit: "Goden, toen hij, doof voor al mijn zuchten en tranen, / zijn ogen bewapende met minachting, zijn voorhoofd met dreigementen, / dacht ik dat zijn hart, onneembaar voor de liefde, / versterkt was tegen al mijn seksen." (Scène 5). Vervolgens wordt ze erg boos op Oenone, die ze verwijt dat hij haar slecht heeft geadviseerd door haar voor te stellen Hippolytus te beschuldigen.

AKTE V

Aricia vraagt Hippolytus zijn vader de waarheid te vertellen over Phaedra's gevoelens voor hem, maar hij weigert: "Hoe zou ik het wagen, door alles te onthullen, / om het voorhoofd van een vader rood te laten worden van schaamte?" (Scène 1). Hij vraagt haar met hem mee te gaan, maar omdat ze niet getrouwd zijn, is ze bang dat haar eer zal worden bezoedeld. Dan biedt hij haar ten huwelijk aan. Zij aanvaardt.

Aricia vertelt Theseus dat hij zijn zoon ten onrechte heeft beschuldigd, maar vertelt hem niet de waarheid over Phaedra. Theseus twijfelt. Hij krijgt te horen dat Oenone zelfmoord heeft gepleegd en dat Phaedra ook wil sterven. Hij begrijpt dat hij zich misschien vergist heeft: "Wees niet gehaast om / Uw fatale gulheid te schenken, Neptunus; laat mijn gebeden / Liever altijd ongehoord blijven. Te snel / Hief ik wrede handen op, gelovende lippen / Die misschien gelogen hebben!" (Scene 5).

Theramenes komt de dood van Hippolytus aan Theseus aankondigen. Hippolytus is gedood door een monster uit de zee. Phaedra, die gif heeft ingenomen, komt Theseus de waarheid bekennen voordat ze haar laatste adem uitblaast. Ze sterft.

KARAKTERSTUDIE

PHAEDRA

Phaedra is de dochter van Minos en Pasiphae, die bekend staat om de geboorte van de Minotaurus, een half mens, half stier monster. Minos had namelijk Poseidon, de Griekse god van de zeeën, beledigd en om zich te wreken liet deze Pasiphae verliefd worden op een stier. Phaedra's familie is dus getekend door een wreed en tragisch lot.

Ze is de vrouw van Theseus, koning van Athene, maar ze is verliefd geworden op zijn zoon, Hippolytus. Door deze misstap zet ze een tragisch proces in gang dat alleen maar kan eindigen in de dood. Aan deze eerste misstap voegt ze een tweede toe, want ze geeft Hippolytus de schuld om zichzelf te redden van haar eigen fouten, waardoor ze zijn dood veroorzaakt. In deze vicieuze cirkel leidt de ene fout tot de andere.

Het toneelstuk draagt haar naam en zij staat centraal. Wreed in de ogen van Hippolytus, verbergt haar houding haar diepe liefde voor de jongeman. Zij is een vrouw met opgeblazen gevoelens, zij wordt geregeerd door haar passies: zij draagt een schuldige liefde voor de zoon van haar man, maar zij ontketent ook haar woede op haar vertrouwelinge, Oenone, wat haar zelfmoord veroorzaakt. Tenslotte is zij jaloers op Aricia en op Hippolytus' liefde voor haar.

Vanaf het begin van het stuk is haar fysieke toestand een echo van haar morele lijden en het hele stuk kan gezien worden als de voortgang van haar lijdensweg, tot aan haar dood door vergif. Ze verwelkt, weggevreten door haar geheim en haar schuld – een schuld die eerst veroorzaakt wordt door haar liefde, daarna door het kwaad dat ze brengt. "E'en in my arms a secret malady / Slays her", zegt Oenone in de tweede scène. Ook bij haar aankomst op het toneel schildert ze een zielig portret van zichzelf: "Ah, hoe deze lompe gewaden, / Deze sluiers mij benauwen! Welke officieuze hand heeft deze knopen gelegd, en deze kluwen over mijn voorhoofd verzameld? Hoe alles samenzweert om mijn verdriet te vergroten!" (Act I, Scene 3). Ze kan de situatie niet verdragen en bekent uiteindelijk de waarheid voordat ze in de laatste scène een einde maakt aan haar leven.

HIPPOLYTUS EN ARICIA

Hippolytus is de zoon van Theseus. Zijn kwaliteiten worden door alle personages geprezen. Hij is een eerbaar man. Zijn moed wordt meerdere malen benadrukt, met name door Theramenes, die hem in zijn verslag van zijn dood beschrijft als een heldhaftig strijder. Hij aarzelt inderdaad niet om het monster tegemoet te treden wanneer allen om hem heen vluchten voor het gevaar: "Allen vliegen, vergeten de moed / Die niet kan helpen, en in een naburige tempel / Schuilen – allen behalve de moedige Hippolytus. / Een heldhaftige zoon, hij houdt zijn paarden aan, / Grijpt zijn pijlen" (Act 5, Scene 6).

Hij wordt liever onterecht beschuldigd dan dat hij zijn vader de pijn doet te horen van de incestueuze passie van zijn vrouw. Net als Aricia vertegenwoordigt hij de deugd. De jonge vrouw stemt er dan ook mee in te vluchten met Hippolytus, zoals hij voorstelt, maar alleen op voorwaarde dat ze trouwen. Vergeleken met de personages van Phaedra, Oenone en Theseus, die allen op de een of andere manier schuldig zijn, zijn zij de onschuldige slachtoffers van de tragische gebeurtenissen. Theramenes zegt: "Ik heb de stroom van de hele mensheid / afgesneden zien worden, en ik durf te zeggen dat niemand / het minder verdiende" (Acte V, Scène 6).

OENONE

Oenone is een belangrijk personage in het stuk, aangezien zij de eerste is die Phaedra's bekentenis hoort en zij het is die haar daarna adviseert. Wanneer men denkt dat Theseus dood is, stelt zij voor dat Phaedra haar liefde omhelst en zij is het ook die Phaedra adviseert Hippolytus te beschuldigen wanneer Theseus terugkeert. Het is dus Oenone die Phaedra verder duwt in de richting van misdaad, overtreding en verraad.

Zij is echter Phaedra's vertrouwelinge en handelt alleen in haar belang. Ze is bijzonder loyaal. Daarom, wanneer Phaedra haar afwijst en haar de schuld geeft van alle gebeurtenissen, ook al delen zij deze verantwoordelijkheid, werpt Oenone zich in zee en maakt een einde aan haar leven: "Oenone, beschaamd en uit haar zicht verdreven, / Heeft zich in de oceaanbodem geworpen" (Akte V, Scène 5).

THESEUS

Theseus is de koning van Athene, de echtgenoot van Phaedra en de vader van Hippolytus, die hij verwekt heeft bij Antiope, de koningin van de Amazones. Hij is de gezagsfiguur die de wet vertegenwoordigt, de waarheid probeert te achterhalen en de schuldigen straft.

Aan het begin van het stuk wordt gedacht dat hij dood is, maar in feite leeft hij. Hij arriveert in het midden van het drama, zonder de kennis te bezitten om het volledig te begrijpen. Hij weet niet van Phaedra's liefde voor Hippolytus, noch van diens passie voor Aricia. Alle hoofdpersonen liegen tegen hem of verbergen de waarheid voor hem. Daarom wil hij alleen maar de waarheid achterhalen.

Door zijn vertrouwen in Phaedra en Oenone vergist Theseus zich echter en gelooft hij dat zijn zoon schuldig is aan een misdaad waaraan hij onschuldig is. In het stuk is Theseus dus net als Phaedra zowel een schuldige als een slachtoffer. Hij heeft zijn zoon verloren door overhaaste beslissingen te nemen en Neptunus te vragen Hippolytus te straffen. Aan het einde van het stuk roept hij uit: "Kom, laten we gaan, / en met het bloed van mijn ongelukkige zoon / onze tranen vermengen, zijn dierbare overblijfselen vasthoudend, / in diep berouw voor een verafschuwd gebed" (Acte V, Scène 7).

ANALYSE

EEN KLASSIEKE TRAGEDIE

In *Phaedra* hield Racine zich nauwgezet aan de regels van de klassieke tragedie. Ten eerste bevat de tragedie een eenheid van handeling: het hele stuk draait om de passie van het gelijknamige personage. Elke handeling is een specifieke stap op weg naar de dood: de bekentenis van de passie, de openbare bekentenis, de aanklacht tegen de incestueuze liefde, de gevolgen van deze liefde, en tenslotte de dood als onontkoombare straf. Bovendien speelt dit stuk zich af op één dag en op één plaats (Troezen, een stad in de Peloponnesus), waardoor de regels van de eenheid van tijd en plaats worden gerespecteerd.

Deze beperkingen dienen echter voor een grotere dramatische efficiëntie. Men kan bijvoorbeeld kijken naar Theramenes' verslag van Hippolytus' dood, een lange tirade en een van de mooiste daden van moed in het stuk. Niet alleen is het een hervertelling die de eenheid van plaats en de regels van fatsoen die de weergave van zo'n gewelddadige dood op het toneel verboden (en niet te vergeten de moeilijkheden die met de enscenering van zo'n scène gepaard gaan) in stand houdt, maar deze vorm versterkt dit moment ook door het discours. In plaats van te tonen, vertelt Racine. Dit achterhouden van dramatische middelen heeft het meeste effect· De taal verheerlijkt de heroïsche dood van de jongeman en het pathos van het moment waarop Aricia het lichaam van haar geliefde ontdekt. In plaats van de actie te spreiden, verkort de taal deze. Het is ook deze strengheid die Racine tot de ideale vertegenwoordiger van de klassieke tragedie maakt.

DE BEKENTENIS

De dramatische opbouw van het stuk is gebaseerd op de spraak. Bovendien benadrukken de elegantie en de efficiëntie van het Raciniaanse vers dit belang van het woord nog meer. De liefde staat centraal in het stuk, maar de hele uitdaging is het belijden ervan. Het stuk is een weg naar de biecht en de geleidelijke ontdekking van de waarheid:

- Eerst moet de liefde worden beleden. Hippolytus bekent zijn liefde voor Aricia aan Theramenes en Phaedra bekent haar liefde voor Hippolytus aan Oenone. De rol van de vertrouwelingen is essentieel. Zij maken het spreken mogelijk, zij creëren een intieme ruimte waar de bekentenis kan worden afgelegd. Oenone zegt: "Ik hoor je. Spreek" (Act I, Scene 3).

- De tweede uitdaging is om de bekentenis openbaar te maken. Phaedra bekent haar liefde aan Hippolytus en hij vertelt zijn vader dat hij van Aricia houdt.

- Ten derde gaat het in het spraakspel om Theseus, de nieuwe hoofdpersoon van een tragedie die hem langzaam wordt onthuld. Bekentenissen veranderen in leugens en de waarheid blijft ontoegankelijk voor Theseus.

- Pas aan het eind van het stuk komt Theseus achter de waarheid, namelijk Phaedra's liefde voor Hippolytus. Maar het is al te laat, en de leugens hebben geleid tot een onomkeerbare tragedie.

De actie verloopt dus niet via handelingen maar via woorden. Het gaat om vertellen of niet vertellen. Is het de moeite waard de waarheid te vertellen met het risico een ander ongeluk te bezorgen (voor Phaedra: haar misdaad opbiechten; voor Hippolytus: zijn vader pijn doen) of is het beter geheimen te bewaren met het risico van onwetendheid en mogelijk groot ongeluk?

ORDE EN OVERTREDING

Theseus vertegenwoordigt de orde en juist tijdens zijn afwezigheid komt de tragedie op gang. Hij vertegenwoordigt de orde van de mensen, de politieke orde, maar ook de orde van de goden. Inderdaad, Neptunus, de Romeinse god van de zeeën (het equivalent van Poseidon), beantwoordt Theseus' wensen: "Ik vraag u nu. Wreek een ellendige vader! / Ik laat deze verrader over aan uw toorn" (Act IV, Scene 2).

De orde wordt verstoord door een dubbele overtreding. De eerste overtreding is de misdaad zelf, namelijk de incestueuze liefde van Phaedra, die de ultieme overtreding is omdat zij de primaire structuur van de samenleving ter discussie stelt: het gezin. De tweede overtreding is de leugen: door te proberen rechtvaardigheid en orde in de wereld te herstellen, slaagt Theseus er alleen maar in deze nog meer te verstoren. Omdat hij niet op de hoogte is van de werkelijke misdaad, beschuldigt en straft hij een onschuldige, daarbij geholpen door de goden. Daarom kan dit worden beschouwd als fatalisme. De tragedie is onoplosbaar, zonder ontsnapping. Theseus doet wat hij denkt dat goed is, maar hij vergist zich. Te snel beschuldigend zonder bewijs, is hij uiteindelijk, net als Phaedra, het onderwerp van hartstochtelijke bewegingen en moet hij de prijs betalen.

Racine kreeg een jansenistische opvoeding. Volgens de jansenisten is ieder mens wel of niet geraakt door Gods genade, en als hij dat niet is, zullen zijn daden hem nooit van zijn lot kunnen redden. Deze ideologie beïnvloedde het theater van Racine, omdat hij personages creëert die hun lot niet kunnen ontlopen. In deze context is de enige manier om de overtreding goed te maken, en de orde in de wereld te herstellen, te sterven. Daarom plegen Phaedra en Oenone zelfmoord. De dood is de enige mogelijke uitkomst na de ultieme schande.

PASSIE

In tegenstelling tot Theseus, die orde vertegenwoordigt, belichaamt Phaedra wanorde. Zij is een personage dat wordt opgevreten door haar passies. In haar vechten liefde en rede voortdurend. Zij heeft er niet voor gekozen om ten prooi te vallen aan een incestueuze liefde, deze liefde heeft haar plotseling aangegrepen. Dit is de betekenis van haar opmerking aan Oenone: "Ik keek, werd bleek en bloosde om hem te zien, en mijn ziel werd helemaal ontredderd" (Act I, Scene 3). Passie is, etymologisch gezien, iets dat wordt ondergaan. Dit is inderdaad de manier waarop liefde wordt weergegeven in Phaedra's tirade: "Mijn bloed werd koud, dan brandde het als vuur; / Venus voelde ik in mijn hele koortsige gestel" (Akte I, Scène 3). Phaedra is niet langer een denkend subject, maar een object dat gedomineerd wordt door haar passie. In dit geval is het het lichaam dat reageert, niet de ziel: het lichaam is de plaats van de passie en de ziel de plaats van de rede. De rede wordt dus uitgewist, verpletterd door de macht van de passie; Phaedra lijdt onder deze reactie van het lichaam. Dit verklaart Racine in zijn voorwoord:

> *Inderdaad, Phaedra is noch volledig schuldig, noch volledig onschuldig. Zij is door haar lot en de woede van de goden verwikkeld in een onwettige passie, waarvan zij als eerste walgt. Ze doet er alles aan om er overheen te komen. Ze zou liever sterven zonder het aan iemand op te biechten, en als ze gedwongen wordt het bekend te maken, doet ze dat met een verwarring waaruit duidelijk blijkt dat haar misdaad eerder een straf van de goden is dan het product van haar eigen wil.*

De liefde is oncontroleerbaar en wordt vooral obsessief. Haar hele wezen is onderworpen aan de liefde. Toch is het een schuldige liefde. De fysieke verwelking van Phaedra weerspiegelt haar psychologie: geobsedeerd door deze verboden liefde wordt ze een schaduw van haar vroegere zelf.

Hoewel ze zich zou moeten beheersen, laat ze de verschrikkelijke bekentenis ontsnappen, niet één, maar twee keer, alsof het gewicht van het geheim zo zwaar is dat ze het niet kan dragen. Daarmee bezegelt ze haar eigen vreselijke lot, omdat ze weet dat haar liefde niet kan worden beantwoord. Door toe te geven aan haar passie, tegen alle rede in, komen haar gevoelens vrij, van jaloezie tot woede, met een alles vernietigende toorn.

VERDERE REFLECTIE

ENKELE VRAGEN OM OVER NA TE DENKEN...

- Hoe wordt Phaedra aan het begin van het stuk door Hippolytus geportretteerd? Hoe ziet ze eruit als ze voor het eerst op het toneel komt?

- Het stuk is een serie bekentenissen. Noem ze en laat zien hoe de plot zich ontwikkelt.

- Hoe vertegenwoordigen Hippolytus en Aricia de deugd in het stuk?

- Wat is de rol van Theramenes en Oenone in de plot?

- Hoe is Phaedra een tragische heldin?

- Hoe wordt Hippolytus door Theramenes afgeschilderd als hij vertelt over de omstandigheden van zijn dood?

- Welke personages vertegenwoordigen het noodlot in het stuk?

- Het stuk laat twee kanten van de liefde zien. Welke zijn dat? Welke personages belichamen ze?

- Waarom was *Phaedra* volgens u zo succesvol toen het voor het eerst werd opgevoerd en waarom is het nu nog steeds succesvol?

VERDER LEZEN

REFERENTIE-UITGAVE

Racine, J-B. (2008) *Phaedra*. [Online]. Trans. Boswell, R.B. [Accessed 27 September 2016]. Beschikbaar via: <http://www.gutenberg.org/files/1977/1977-h/1977-h.htm>

*We horen graag van jou! Laat
een reactie achter op jouw online bibliotheek
en deel je favoriete boeken op social media!*

Waarom kiezen voor Must Read?

Kom alles te weten over een boek
met onze beknopte en diepgaande
samenvattingen en analyses!

**Ontdek het beste uit de literatuur
in een compleet nieuw licht!**

www.50minutes.com

De uitgever garandeert de betrouwbaarheid van de gepubliceerde informatie, die echter niet onder zijn verantwoordelijkheid valt.

www.50minutes.com

Master ISBN: 9782808687539
Papier ISBN: 9782808698931
Wettelijk depot: D/2023/12603/1173

Omslag: © Primento

Digitaal ontwerp: Primento, de digitale partner van uitgevers.